EN LA LUZ DE LA ESTRELLA

Pedro Mouro

Academia Platonica Publications
Collection « Spiritualities »

Publishers: Jean-Louis de Biasi - Patricia Bourin

Éditions Academia Platonica © 2018
304 S. Jones Blvd #5666
Las Vegas, NV 89107, USA
contact-ap@AcademiaPlatonica.com
ISBN: 978-1-926451-22-0

Discover our other publications:
www.AcademiaPlatonica.com

Indice

"Todas las calles
llevan tu nombre,
todos los libros
hablan de ti"

Hasta que caiga el Sol,
Dorian

He aquí
que os revelo un misterio:

Aquel que ha muerto
vive eternamente.

Su vida nació
del terreno oscuro y fértil
de la muerte
y su luz de las tinieblas,
más poderoso que miles de Soles.

Su cuerpo se pronuncia
en el tiempo
como un silencio que es luz,
vida y conocimiento.

La Luz de la Estrella
está escondida en la cumbre,
al otro lado
de los límites de la vida.

¡Te saludo,
oh Misterio de Misterios!

1. Nigredo.

I.

se tropieza de sí la vida
entre las horas que quietas
se adelantan, espejismos
desvaídos de las sombras
que se advierten de sí mismas y concluyen
esta estéril prisión del día
con un silencio verdugo en cada mano,
inerte del sinsabor de la extrañeza
que hace conocer el trago
más amargo

si no soy con quién,
si no soy para qué,
qué debo demostrar con mi esperanza?

una sombra del balcón
vecino cae en mi ventana
y el domingo entero
se asombra de existir

II.

si apenas entendí la voz
primera que llamaba, si siempre
el tiempo huido y la carrera a través y yo
no fui deudor de mi errores

qué ha sido, al fin y al cabo,
nuestra historia, oh nosotros, hombres
hechos de costumbres?
qué ha de quedar de nuestro imperio
si todos fuimos moradores
en el polvo?

he abierto los ojos y los años
simplemente han pasado sin aviso

quizá sea esto lo que nos advirtieron
aquellos que cediéronnos las llaves
de la alcoba:
-Un día de éstos
levantarás la vista…

pero hoy es un día, esto sé
de buen seguro, y puedo
alzar los ojos y saber las cosas,
mas quizás esto sea lo que no sabían,
lo que no sabía nadie
y de nadie es culpa

después pasan los años
y la vida
por lo menos es un indicio
de lo que es la vida

III.

me aterra la idea
de una vida sin alma

la temida fragilidad
de no saber el nombre que sobre
mis labios derramará
mi último aliento, como un
beso a punto de secar
la inconsistencia de la propia humanidad,
la levedad con que
la identidad se asiente, se delimita

he dedicado los mejores esfuerzos
de mis mejores años
a tallar la imagen de los espejos,
empeñado en descubrir todos los tesoros de la
vida,
y vidas después, al final de todo,
siento que no queda siquiera
nada de mí que pueda, con la paz
reposando sobre el cuerpo,

afirmar de mí nada que no supiera

sólo sé que me aterra
la idea de una vida sin alma

sea lo que sea
lo que eso signifique

IV.

sé que te hablo de esta forma
en la que ni decirte puedo
y que todas las veces de nuestro alfabeto
-esas madrugadas al insomnio
del amor al odio y del odio al amor-,
toda la matemática lógicamente consistente
de nuestra humanidad, que terminó
por ajar las esperanzas
y volvernos mofa de nosotros mismos

en veces como ésta
la literatura se convierte en la gran pregunta:
qué fuimos nosotros, los dos,
descolgando los rumores de la noche?
qué somos, acaso? qué cosa nos exista
que el tiempo no devore, que
el crisol de los soles
no pueda destruir?

construcción de piedra a piedra
sobre la dulce locura de creerse,
la inexperta inocencia de sentirse
y seguir, como ciegos al fondo de un abismo,
golpeando nuestro yo irrisoriamente
como infantes de a seis que no comprenden

cuán cerca somos de no ser nadie

V.

como poeta estoy condenado
al sin saber de la literatura - la última
construcción de la condición humana
que es en sí misma la muestra más perfecta
del propio vacío del hombre

si un hombre dice: soy, o peor
aún dice: soy un hombre,
algo de lo intangible en él
se erige de testigo, él es
pues palabra de sí mismo, extenso
en su condición de adverbio,
de accidente o circunstancia de sí

y luego la vida - que no es
la vida, sino otra suposición- lo toma y
zarandea

y, ante la misma furia ciega que a él le
embarga,
se ve sometido a un silencio ignominioso,
pues ya ni puede nombrar
lo otro desde una voz sincera
sin que todas las vértebras del alma
crujan cual caos de raíces multiformes,
pues de él, de su accidente de ser,
ya sabe -con la sabiduría de los locos-
más que suficiente

luego viene un pájaro y se posa
al borde del vacío vaso
por donde transitan las nubes de la tarde
y yo tiemblo acercándome al octubre,
mientras finjo para los demás la propensión
a la belleza, como los buenos grandes pobres
locos y los más simples
y sinceros de los poetas

VI.

hay un algo en la belleza
que no es
casi sentimiento, de lo poco
capaz de trascender
la enfermedad del lenguaje
que tiende a dar esencia
a las suposiciones de la mente

si uno tiende su rostro
a cielo abierto y deja
que los caracteres del lenguaje de las cosas
caigan por sus ojos como nubes
a finales de un domingo desvayéndose
por los cristales húmedos de un vaso vacío,
se intuye una gracia de aprehender sin
palabras,
de sentir sin saberse, de entender
lo simple y lo puro que se encierra
a sí mismo al interior de la cárcel
del propio esquema del hombre

qué llave puede abrir la prisión que somos
si no acaso el estremecimiento
de la noche en la revelación de un nuevo
amante?
o la caída al frío con que el mar
se tiembla de nosotros, de tenernos
en sí? como nosotros, dentro, dentro
de nosotros siempre, del roto esquema
de la identidad palabra y nuestros árboles
de nombres y experiencias
de las que ni siquiera testigos somos?

qué temible la miseria de haberse aprendido,
loca, loca y temeraria la experimentación
de nuestra propia ausencia, que sí somos

a pesar de nuestra rabia, a menos que
-pobre, pobre-
un algo que no es
casi sentimiento
nos sacuda

VII.

es esta incertidumbre, la propia
inconsistencia de los días
insistiendo en regresar uno tras otro
como si nada tuviera yo
mejor que hacer
que seguir viviendo

son certezas vanas, mi alimento,
la indescifrable propensión
a sentir que habrá un día,
nadie sabe cuándo, en que quizás,
como una fuerza irracional
-puede que el temor a la muerte-
que impele y obliga y somete y silencia,
omitiendo hechos a su parecer y antojo

cada día es un día más que viene
y pasa sin dejar nada memorable
en la antiguamente presentida
humana y elevada esencia de la conciencia,
ni un rastro que guíe acaso,

ni huella cuya marca reseñe,
ni una voz que al menos me rescate
de la pálida inmensidad del mundo

comprendo que soy mortal
de la misma forma que uno estudia
la disposición de una rueda
o contempla una araña, casi
sin significado que aporte
un revuelco al sentimiento,
ya de por más innoble

de la vida me acuerdo,
pero dónde está

VIII.

esta noche sigue adentro, cada día
es noche aún y sigue
adentro esta fragilidad que a todo
teme y no acierta a saber
el recuerdo de qué cuerpo
traerá la noche, la noche aún, a desvelarme

es noche aún y yo no duermo
de mí, pasajero de mí
por el desvelo de la noche y de la ausencia
que ya no tiene espacio siquiera para
esperarme,

que es toda ausencia y toda noche
aún en el día, y silencio adentro
aún en la palabra, cuando ya no digo
nada para nadie

y el camino aún
se adentra hacia más noche,
donde sigue noche entera y todo ausencia
cada día, en el silencio y la palabra,
cuando ya no hay nadie para nada
y yo no soy más nada para nadie

2. Albedo.

**"A no olvidarte,
a teñir con mi sangre
tu recuerdo;
a construir un templo
para el misterio de ti
y del amor que arde,
eternamente"**

I.

sé que es esta noche en que te pienso,
en que me mueve a tenerte cerca
el murmullo de la vecindad tranquila
con que todas tus memorias
se me agolpan en los ojos y veo
de ti lo que no está, en cada sombra
de la vida de mis años que ha venido
a sobrevivirme en tu recuerdo,
que a los pies de mi cama se deforma
y en las siluetas de la noche se desvive
de mi siempre amor por ti

sabes lo que nunca te conté, lo que
nunca he confesado
ni a extraños ni a amantes

por mis labios, hasta la muerte
ha oído de tu nombre

II.

qué voz inmortal
tiembla en nuestras carnes,
de nosotros, los partidos
de la noche, de la estrellada
oscuridad que nos consume?

adentro, más allá de todo conocido,
en el lamento de la historia
que de nombre a nombre fue pasando
como de hoja en hoja, se sabe
de un misterio huérfano, una huella
sobre la nieve sin camino,
etérea como la difícil conjunción
de vida y límite,
allí donde nosotros construimos
la levedad de ser que nos sostiene

y en nuestros labios apenas se convierte
el aire en escarcha al viento
de los campos, el invierno
y esa sensación de soledad sincera
que nos mueve a heredarnos
en los otros, como una juventud
proyectada hacia la inmensidad del tiempo

sabemos poco de la eternidad
que se estremece
por dentro de las voces, del aire
que separa el espacio de los cuerpos,
gran océano de costas infinitas,
y de la posibilidad y la capacidad de ser,
de resucitar de la tumba de las edades
a la conciencia del frío
y la complicidad de esta dulce lejanía

III.

hay un momento en que brillas
en las puertas de la memoria
desde el más profundo
de los mundos imposibles, como
arrastrada por los vientos del destino,
y sacudes mi descanso con tu ausencia,
toda tú con tu voz vestida, sonando
a nanas estrelladas y los misterios
de la noche -allí donde el ayuntamiento
de amor y madrugada

y no sé si pensarte es lo correcto,
si acaso seis años de mi vida
podrán desvanecerse de repente,
si todos esos recuerdos servirán
de ahora en adelante

nada más que para morir conmigo

lo cierto es que esta extrañeza
se despierta sin querer entre los surcos de las
manos,
y este tacto te presiente en su ceguera
con una persistencia mayor que mi voluntad
para olvidarte, aunque bien sé que hicimos lo
correcto
dejando ir la arena entre los dedos
y ahora somos los dos un poco más felices
y un poco más auténticos

me levanto sabiendo que ahora aprenderé
una forma de amar que no consista
en tenerte, a tí ni a nadie,
mas este esfuerzo no da a pago todavía
todos los día inciertos de frío y silencio

IV.

es como cuando vuelves
sin volver, pues nunca es como antes,
y levemente atraviesas las estancias
como intentando no alertar
a las baldosas frías, los muebles
oscurecidos, el aire de domingo
atardeciendo en el instante
donde brilla la memoria,

y no aciertas a nombrarte justamente
sin saber qué cuerpo de los tuyos
tomó este suelo un día y lo hizo hogar

y los rostros de aquellos que nos fueron
con todo el furor de la derrota
se levantan en rincones apartados
a vindicar la culpa de nuestro amor sincero,
bailan y sus voces se ahorcan de silencio
con cuerdas de promesas maltrenzadas
frente a la inevitable transición de las edades
en esta complicada trama de la vida

uno regresa tarde a ser sí mismo,
a enmendar lo que el tiempo
indiferentemente ha erigido
en el lugar propio con el largo sueño
de la interminable infancia
y las décadas de hastío y apatía,
como hojas del otoño amontonadas
a la puerta de nuestra inexperiencia

y aún así queda el resquicio
por donde el viento alienta
las brasas del incendio y nuestra juventud,
ahora ya lejos como una canción
oida y recordada, acaso resucite
la leve luz prisionera de sus años

y revele a la conciencia el gran misterio,
aún a precio de que volver no sea volver
exactamente,
aunque ser nunca sea como antes

V.

se escribe la mañana
en las paredes,
tibias de haber amanecido,
para anunciarme a la parte del mundo
que me lleva hasta ti,
como guiándome

asiento levemente
al día, y presiento la belleza
de no saber quién serás
cuando al fin te encuentre,
cuando ambos nos veamos
propiciados por la fuerza del destino
y la fortuna en los detalles
a encontrarnos en el otro

por eso cada rincón
de la calle que sale de mi casa
es como un templo donde
rezo, murmurándote entre balbuceos
y jugando con mi lengua
a descifrar el enigma de tu nombre

te comparto
con todo el universo,
como el rostro de un dios
que sólo yo conozco
en esta suerte
de religión inevitable

VI.

este sabor a desquehaceres,
a aquello que nos fue y nos da pavor
admitir haber perdido, como un algo
que no es casi sentimiento
que nos relaciona con las estrellas,
las nubes y el paso de los años

sabernos nacidos en la noche,
de los lagos donde los dioses
guardaron los secretos, como
misterios sobre luces
hacia el fondo de los valles,
hacia la respiración que nos afirma
desde antes de nosotros, que
nos comuna en la simplicidad
con todos los que fueron

en el silencio de saberse como algo
que no puede compartir su comprensión,

como el sentido más honesto
que la vida persiste en devolver
desde el primer recuerdo

no estamos solos, aunque
sólo nos tengamos a nosotros,
no estamos solos,
existimos en el fondo de la noche,
de la tierra y los bosques y las ruinas
conviviendo entre todos los que fuimos
como el último misterio a contemplarse

3. Rubedo.

I.

cuál es la voz dada a nuestros sueños
que en los dias nos persigue
por vengarse de nosotros, de nuestra
eternidad
de grandes fincas que en la infancia
de los quehaceres nuestros, en la imperfecta
matemática de nuestra humanidad
aún a medias entre la afirmación y el miedo,
nos hizo hijos de nuestra futura estrella,
como nombres de un sentido más profundo
incapaz de compartirse en las palabras

he aquí el dios
de nuestros primeros sueños,
despierto más allá de nuestra indiferencia,
de las décadas de hastío y apatía
que han ido amontonando los otoños
a las puertas de nuestra inexperiencia,

soplando entre los caminos
como acariciando el polvo
ante los pies desnudos, susurro de nosotros
como la verdad más propia y simple

este es el misterio de ser
con que la vida nos celebra
en un acto de sincera comunión,
pues sabemos aunque no sepamos
quien es el que persiste más allá siempre
de nuestra propia vida, de nuestra propia
muerte,
del deseo inconfesable por existir
que trasciende los límites del cuerpo

en esta noche donde nacen
eternas las estrellas, ayunto carne
con la solitaria inmensidad
—este tu cuerpo grande contra el mio
copulando almas como dos dioses
sobre el yunque del mundo—
por los caminos sobre el mar
desconocidos

II. A G.B.

hay en derredor un inicio
de tormenta, a mitad
de la senda de la vida

vino a sorprendernos
la anteriormente presentida muerte,
llena de su antojo por los nombres
que sobre la almohada
arrebatan nuestro sueño

salimos desnudos a la noche
abierta, a la lluvia que en los cuerpos
y las calles y las luces fugitivas
reflejadas en el reverso de los ojos
hizo del invierno una insensible
prisión de los deseos, del conocimiento
que del bien que éramos tuvimos
alguna vez, hace ya tiempo,
cuando dormir descansaba verdaderamente
y no albergábamos temor alguno hacia los
sueños

añorando los soles de la infancia
y una vida más noble dulcemente prometida
como el primer beso de unos labios inocentes,
encendimos las antiguas llamas de templos
olvidados

antiguo oficio humano
ese de querer atrapar la luz

hoy aún es noche
para todos de los pocos y pocas

veces que recordamos la vida
sin saber dónde está,
pero nuestra oscuridad
sigue poblada
de luciérnagas

III.

a veces me siento a esperarte
y hay silencio al final de los pasillos
y viento tras las puertas de la casa
y toda voz que de ti nombrase
apenas cuerpo, como una huida,
se esconde hacia el fondo de la tarde,
conmigo, en el rincón aquel
donde alguna vez dormimos juntos

y permanezco extasiado de la noche
en que eres toda ausencia y plena luz,
y de sombra en sombra va mi mente,
perdida ante la promesa de ti, como
embriagado de todo lo que se presiente
cuando el cielo se oscurece
y el frio de la madrugada anuncia
la primera tormenta del verano

ya no se si eres mujer o estrella
de tanto firmamento que mis ojos han velado

si serás acaso lo imposible,
lo siempre otro,
como un dios durmiendo al fondo del olvido
o la canción primera de lo amante
que conocimos desde antes del recuerdo

cómo seas,
este silencio de ti me es suficiente,
porque es enteramente tuyo

IV.

tú llevabas el sol
del mediodía clavado
a las pupilas y a la espalda
las hojas del otoño,
como un recuerdo
de nuestra inexperiencia

yo caminaba a tu lado,
contando las eternidades
que hay detrás
de cada estrella,
con el rostro vuelto
hacia el misterio
del tiempo
y la distancia

íbamos
como quien sabe que tiene que vivir,
con esa propensión
a la reflexión y al miedo
tan irracional que es casi instinto,
tarareando el silencio
que hay entre los mundos

te detuviste al borde
de los vientos, y yo
después de ti
(allí abajo,
lejos de la tierra...)
supe
en un instante
dónde me dejaste
y quién eras

allí abajo, lejos de la tierra, como
un sol hundido en el olvido,
un dios duerme en el abismo

V.

a veces el sueño perdura sobre la luz
y me invade un algo que no es
casi sentimiento, y descubro en la soledad
de la memoria las imágenes
de la noche anterior, donde estuve

con aquellos que he perdido,
donde he podido amar
a quien nunca tuve o conocí
o a quien el tiempo
me prohibió seguir amando

y estos recuerdos de lo imposible,
de lo fútil y lo eterno,
de la paradoja del atardecer, al final del día,
para que nazcan eternas las estrellas
como símbolo de la supervivencia
de las cosas que ya no son,
tiene un sentido que no sé bien cuál es

como el del tiempo, que regresa
a convencernos de volver
a todo lo que una vez
nos dio la tranquilidad de ser felices
de una forma simple y contenida,
con el pretexto de demostrar
que hemos aprendido
lo necesario de nuestra inexperiencia

que, quizá, a pesar de todo,
nuestro espíritu resiste, esperando silencioso
a la llegada de la siguiente juventud

VI.

recuerdo cuando observaba
el misterio del tiempo,
sentado bajo el faro hacia la noche,
hacia la inmensidad del océano y la distancia,
soñando con la revelación del trueno
al rasgar el tejido del futuro

he tenido que vivir
para saber quién soy,
como un anticipo de uno mismo,
un adeudo a la fe o la esperanza,
de que algún día, quizás,
tras mucho esfuerzo
abriría el secreto de la vida
con las manos llenas de conocimiento

hoy la noches son largas
y el sueño endeble y corto,
y las horas pasan en la meditación
de ti, de nosotros acaso,
y en las mañanas como
el amanecer del día que se anuncia
oscilo entre el éxtasis y la incertidumbre,
entre la realización y el recuerdo,
como un culto silencioso y propio,
sólo nuestro y de tu imagen

de esta parte de mi que no soy yo,
esta parte de mi
que tú añadiste en el origen

VII.

sé que vienes, que llamas
a la puerta en los días
en que todo está limpio y recogido,
como el mediodía del verano
en la pregunta de cómo amar,
de cómo enfrentarse a sí mismo
con la helada amanecida,
a medida que las horas pasan
y la comunal vecindad se nos presiente
con un ritmo mayor a la persistencia
de vivir y devenir extraños
de nosotros, y el recuerdo
que me traes me es
desconocidamente familiar, a la manera
de una canción que yo sabía
sin que nadie, nunca
antes, la hubiese escrito

y yo regreso de la vida hacia mi mesa,
a compartir los platos de familia y dar
el pan al hambre y voz a la rutina
de ser felices hasta la mitad, sinceramente,
y por eso ser felices ya del todo,

y entonces siento que tu sitio falta,
que si estás aquí es solamente
por una belleza imperceptible
que dejas en la casa,
como un cuadro colgado sobre el aire

si yo te buscase, si yo
a la manera en que te pierdo
te buscase, al darme cuenta
de que eres un instante de ti,
elusivo como la esencia de su tiempo,
temería no saber, tan hondo y claro,
o que mi amor no te reconociese

quién puedes ser, tú,
que eres lo siempre otro?
que cuando vienes ya no estás,
cuando eres uno ya eres otro,
y cuando eres nadie lo eres todo

enfermo de la soledad
en que tu amor me sume,
y le digo a las plantas por tu nombre,
a la noche en la revelación de un nuevo
amante,
que tiemble yo cuando te acerques,
por favor que tiemble
todo yo, como ante un trueno,
para que así comprenda que estás cerca

y pueda amarte en el cuerpo,
y ser vencido por ti, hasta en la muerte

VIII.

hay ocasiones en que un alma
me invade sin ser llamada,
me reclama de los paisajes vecinales
en que comparto la rutina, comprando
el pan, vestido de ordinario,
y me vive en un día que no es mío,
como naciendo desde el fondo de los tiempos
con una luz difusa

este espacio que es ausencia,
en cuya perspectiva me habito
de una forma diferente -más alta
la atalaya del espíritu, el fuego
de la inteligencia contra el viento-,
y que escarcha el invierno con el soplo
de la senda que atraviesa
las puertas de la memoria

me recuerdo en mí
como lo que no llegué a ser,
en un salto a lo imposible,
a un amor que se performa
desde la sombra, desde la luz,
desde el polvo y la ceniza

que a los pies del fénix
anuncian un renacimiento

y alzo la palabra, que no alcanza
sino a morir
en los huecos del aire, como
el susurro de una voz que no pronuncia
pues no hay nombre
a la justicia de tu cuerpo

IX.

aquí la noche, con cuanto de mi
cuerpo se extiende, que
se entrega al suelo de la casa
con la tenacidad de las raíces,
al tiempo del invierno
que atesora todo el ciclo
entero de una infinidad

sabes quién soy porque has sido
toda la plenitud de mi,
como la pasión por permanecer
allí en el perfil donde la muerte,
saliendo de la tierra misma,
vino a besarme su conocimiento

oh, misterio de existir,
de la conciencia, el ser,

la identidad y la vigilia
con que nos afirma la memoria
-la tumba de todos los que fuimos
como un altar
a la gloria del postrer hombre-
a la manera de la piedra, que
al horadarse, perfecciona
el sueño de la estatua

así me contemplo en la certeza
de que no seré quien soy
gracias a la furia de todo lo que fui

X.

también hay días grises,
días como noches,
en los que me tumbo a recordarme
en aquello que dije, en la forma
en que las cosas fueron,
y desayuno las noticias
con un bol de melancolía,
que es lo que debe
haber en el alma
cuando ésta siente la salud
de ser su cuerpo

días en los que el invierno
es un estado del pensamiento,

recogido hacia el calor
de los objetos simples, como
el vino de la bodega más cercana,
antes del almuerzo, o las
frases finales de un poema
que la memoria se esfuerza
por resolver entre último plato
y el café de sobremesa

salgo a pasear por la ciudad
a la luz de las farolas
en el comienzo de la tarde,
las hojas de los castaños por la acera
y los coches, perezosos,
cuyos focos destellan
en los charcos de la lluvia,
con mi perro a un lado de la vida
y un dios al otro, como osos
dormitando al fondo de una cueva

y siento que mi tiempo
se mide en una felicidad
que no es, siquiera, digna de llamarse así,
que toda la sabiduría, el bien
con que la historia de los hombres
nos recuerda la próxima estación de paso,
llama desde el fondo del espíritu
a la calma sosegada

de los ritmos de las estaciones,
el trabajo silencioso
y los estudios, como el murmullo
de una canción sincera

y amo
tanto la vida
que me acuesto
y duermo la noche,
entera como un día,
con las luces de lo trascendente
a los ojos que se abren
cuando los míos cierran

XI.

A H.M.

en el final de ti
como en el final de dios,
entre las luces de la noche
en que fuimos los últimos de nosotros,
alejándonos hacia la eternidad
de un amor puro
y destructivo, como la ira
con que apasionadamente
nos hemos sobrevivido

después de ti, la noche
y este beso como un

largo túnel hacia
la condena de nuestro conocimiento,
hacia una luz que se presiente
naciendo de nosotros,
de la extensión de ti
como el campo escarchado
del invierno de nuestra memoria,
un océano de hielo y luz
retenida, a instantes de romperse

y aún así, hay días,
tú sabes que somos dados
a olvidarlo, en que
todo el presentimiento de ti
excede los límites del sueño
y se afianza en el alma
con la persistencia propia
de las cosas demasiado puras
para definirse, sacudiéndose
las pretensiones a llamarse
de esta o aquella forma
como tú te quitabas la nieve
del abrigo, a la edad de seis,
en el parque a tres calles de mi casa

nunca fuiste
más que en el amor
con que te tengo,

y ése es el misterio de que existas,
y de que nunca vaya a sobrevivirte

de que al final de todo
no haya la despedida,
sino el encuentro,
como un salto
hacia el abismo de ti
sin ningún lugar desde el que darlo

XII.

entre las cosas de la casa
hay un silencio por cada noche
que rompe, como si el cielo
estallase de la eternidad
de las estrellas, más allá
de la memoria de los dioses

hay una cierta poesía
en el final de un tiempo,
los objetos se agolpan
al final de la escalera
a esperar qué sombra
que nos parta, y aplaudirnos
la arrojada desventura
de vivir aún
otro año más

yo camino en el invierno
que por la ventana abierta
templa las razones
que a través del día
que se cierra nos han traído
hasta aquí, y sorbo
los posos del café mientras pienso
que nuestra felicidad
es normal y suficiente

y que este sentido de vivir
que hallamos en la memoria
de lo que fuimos junto
a la impaciencia de heredarnos
en nosotros, a modo de una juventud
eternamente impropia,
no alcanzará nunca a definir
uno solo de los límites de nuestra humanidad

sinceramente contemplo,
y una sombra firme
cruza el pasillo desganada,
rumbo al final del año

XIII.

ni la voz ni la forma
del tiempo, como cuerpo
contra cuerpo chocando

entre los huecos del aire,
en la erótica de la supervivencia
y la eternidad de hallarnos
como sombras sobre sombras
entre las ruinas y el polvo
de imperios antiguos

la lágrima y el dios, de hombre
por no saber de qué lado
empezar a amarnos,
callaron juntos, ambos,
por la piel y los vértices
hacia la expectación continua
y el silencio, como aguardan
los que han tenido un trozo de ti
y te conocen

y es que la inmortalidad
no está en la memoria,
sino en la trascendencia,
como estirar el mar hasta que desborde
o gritar por ti toda una vida
hasta poder llamarte
por mi nombre

XIV.

quién buscará tu deseo,
insomne por los balcones
del alma, alargando la mano
hacia el vientre de la noche
como si estirara a partes iguales
de la desesperanza y el anhelo
por verte convertida en sueño,
en piel y en atributo,
parpadeando sobre el aire
y la oscuridad incierta
como la memoria que dejó
sobre los platos de la cocina a solas
la promesa de tu regreso

como un faro en los límites del mundo,
como un destino que lo inevitable asigna,
como la belleza de un sol a medianoche
o la certeza que de pronto nos golpea
al volvernos desde una inmensidad a otra

y más allá del amor, como quien dice
lo prohibido, es el conocimiento
que nos volvió eternos en el otro,
con toda luz de ti sobre los cuerpos
y las palabras en que te conocimos
y la ciencia con que signifcamos
las virtudes, los placeres y el cansancio,

calle abajo hacia el recuerdo de la juventud,
y más allá, hacia la noche de lo impropio,
en descenso a la oscuridad
que hay entre los universos

XV.

como la lluvia calla
de repente, dejando sobre el aire
el cuerpo de un silencio
frío y terrenal, a mitad de la noche,
a esas horas en que entramos
descalzos
hasta el fondo del espíritu,
secándonos los pies a la madera
tras extinguir las velas del alféizar,
para dormirnos de nosotros
y contemplar las cosas
que nadie sabrá cómo explicar

como una montaña cuyo cuerpo
exhibe la proeza de existir,
altiva contra todo el firmamento,
ansiando el testigo de unos ojos
que hayan amado lo infinito,
capaces de traer la extensión de todo
lo inasible sobre el vientre
oscuro de la tierra

como el rayo
que no puede presentirse

hoy me desperté
en medio de mi vida
y el océano seguía aguardando
al final del camino,
por todas partes

XVI.

en el lugar de mí donde creces
he dejado una silla a la puerta,
como en lo alto de la colina
a finales del verano, cuando
la memoria se eriza con el primer frío
y el mundo se atardece con nosotros
hacia el ensanchamiento
de una eternidad desnuda
que da vértigo al corazón
y claridad al pensamiento

y son los días que paso en el olvido,
esos en los que vuelvo
por la costumbre de ti
como dos amantes que se extrañan
la noche que uno falta
después de siglos de dormir juntos,
los que acaban por someter

mi impaciencia y ayudarme a reencontrar
mi humanidad, sea lo que sea
lo que eso signifique

y me siento en mi cuerpo
dispuesto a preguntar a todos
aquellos que se acerquen
de ti, del rastro que sobre la tierra
dejó el anochecer del bien,
como una hoguera a punto de extinguirse,
y pongo besos en la hierba
para que el viento los traslade
a donde yo no alcance,
no sea que estés en algún lugar
y el día se termine
sin que cumpla yo mi juramento de amarte

y será en la noche cuando
las estrellas caigan a poblar
mi alma de luciérnagas,
y dentro de mi piel crezcan
escamas de luz para alumbrar
las catedrales del tiempo,
el peso de mi geometría,
la senda que solamente
mi sed conoce

XVII.

como una palabra
cuya sed nunca pronunciará
del todo, o nubes
tras el horizonte de un cáliz
añadiendo en su marcha
la tarde a los quehaceres,
al resto que en el fondo queda
cuando el alma se vuelve hacia lo propio
con el sentido de un placer
ya suficiente

y saber que no seremos
nunca más los mismos
cuando el fuego devore
la ilusión de nuestras vidas,
y halle alas el viento en nuestros cuerpos,
de luz y sol, como una mariposa
haciendo poesía de la naturaleza

caerse del hombre y la mujer
como quien se desviste
y se lleva a la noche y el silencio
para no decirse a nadie
y buscar la complicidad
consigo mismo, en un tiempo
donde la sed de sí sea tanta
que todo mundo

se nos seque entre los labios

cuando no haya misterio
que el alma no merezca,
y de los propios velos
nuestro amor nos parta,
como una barca hacia el fondo
del dios propio, a la inmensidad
del tiempo y la tiniebla

XVIII.

pueda caminar tu noche,
como desnudo de mí
por entre los misterios
hasta la profunda y oscura hora,
allí donde se ciega el barro
y por la furiosa tempestad
se quiebra, ante el calor del sol,
como abriendo la naturaleza

todo el misterio de amarte,
de llamarte como aquellas
cuyo cuerpo fue el tuyo
y su alma tu templo,
toda la airada locura
con que te perseguí cuando
ya no había sendas, arañando
la inmensidad del mar

por encontrarte, serán
como los restos de un sueño
o las fotografías de un ritmo
arcaico y levemente familiar,
de otra vida que apenas recordamos

tiemblo
sólo con pensar
en lo impensable

XIX.

en la memoria de la pólvora
y del salitre en la piel
hay un rayo cercano,
un sol escondido en los abismos,
ante el que tiembla
toda la inmensidad

como una flecha que traza
resistencia y distancia
hasta el acantilado del mundo,
donde el sonido y la sangre
son conciencia de ti, en
en el cuerpo y el silencio
enteramente soberanos

cientos de luces en
el ingente recuerdo presente,

como la carne
en la que el universo te duerme
a solas con tu soledad,
en la noche inabarcable
de tu memoria